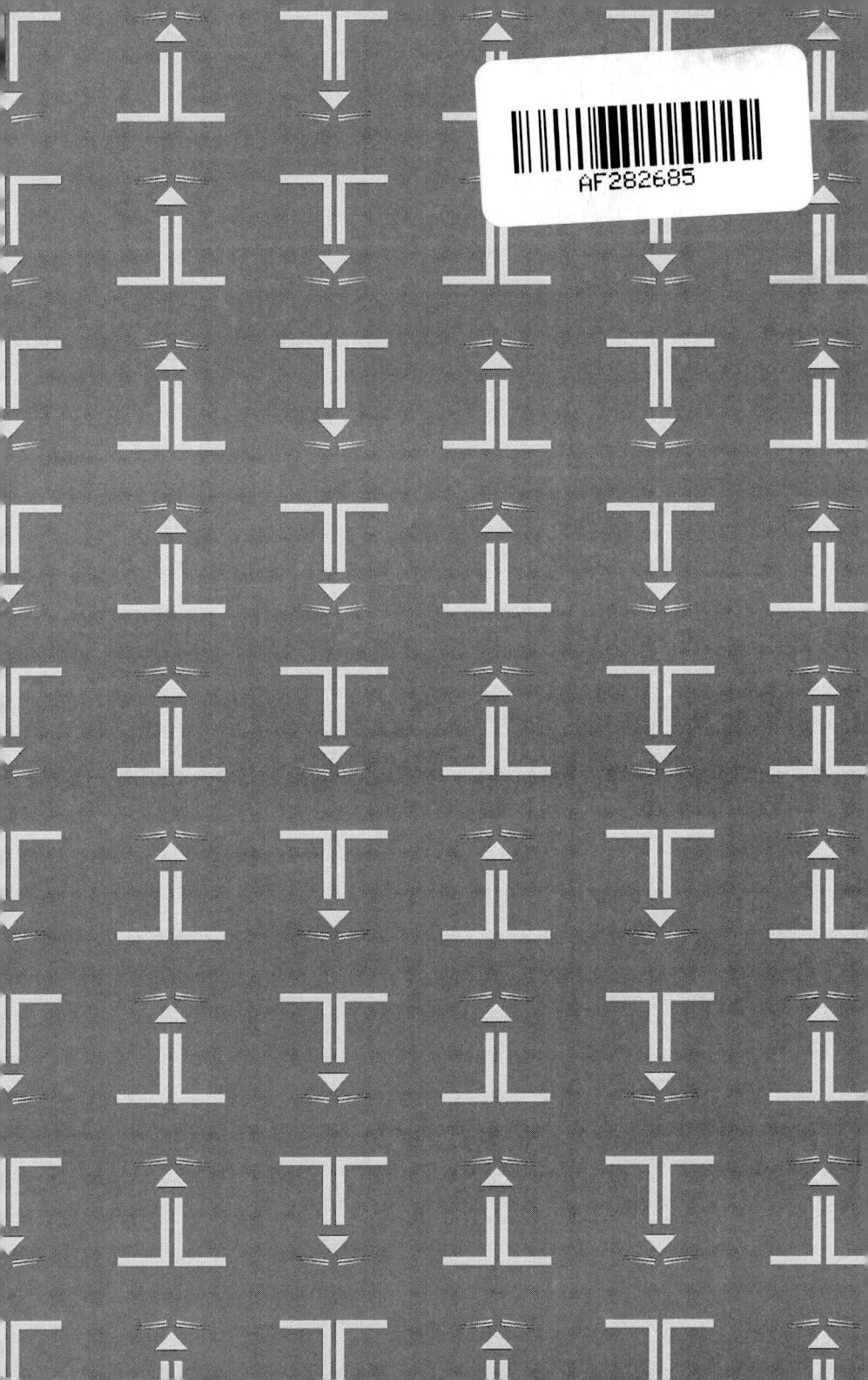
AF282685

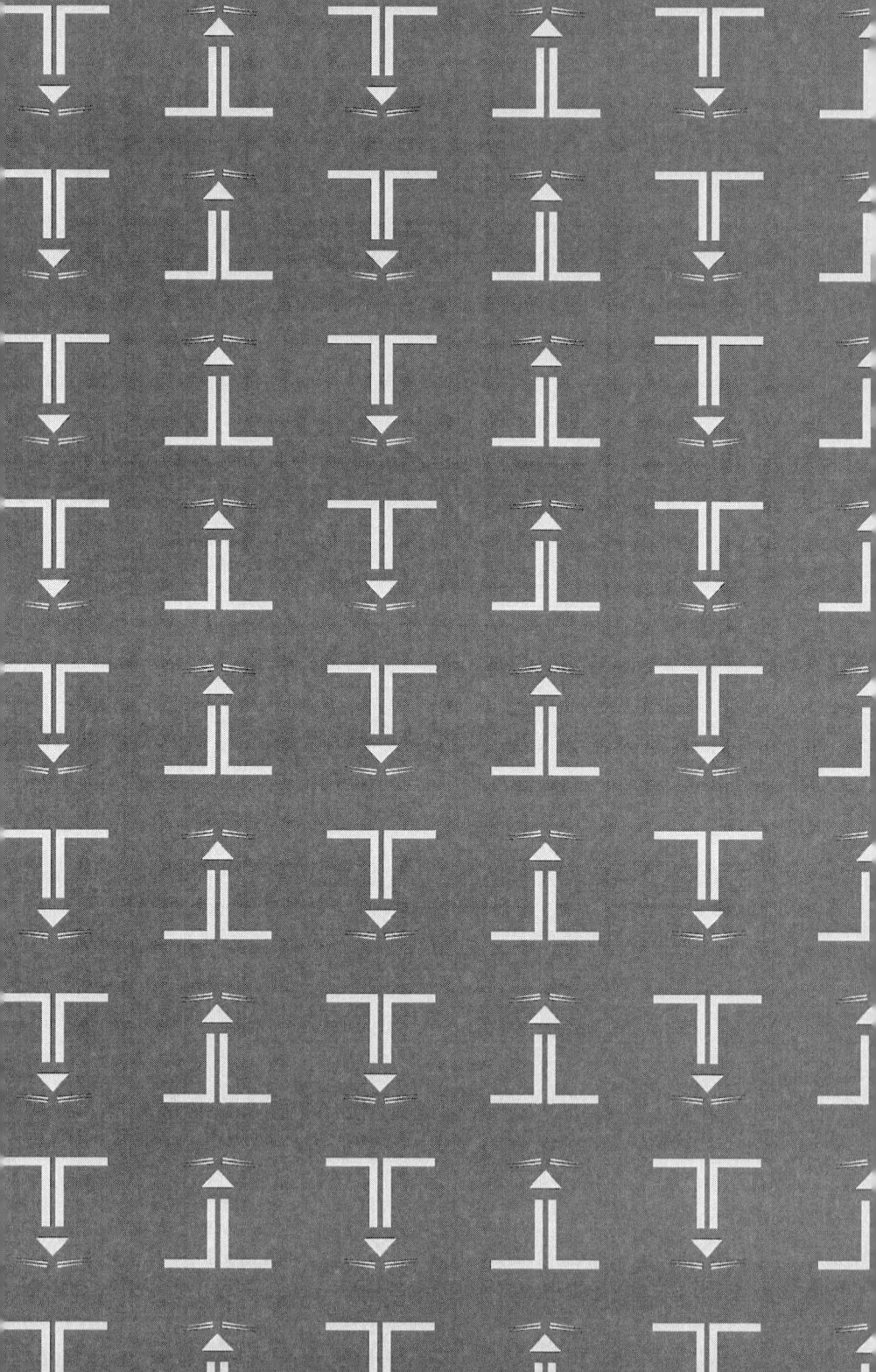

TRES VECES LUZ

JULIO CÉSAR GALÁN

TIGRES DE PAPEL

Primera edición, 2007, La Garúa

De la presente edición

© Imagen de cubierta: istock
© Julio César Galán
© Ediciones Tigres de Papel
C/Camino de Orusco, 19, chalet 7
28560 – Madrid
www.tigresdepapel.es
info@tigresdepapel.es

ISBN: 978-84-126970-8-7
Depósito legal: M-13576-2024
Impreso por: Industrias Gráficas Afanias

Cualquier forma de reproducción, distribución, comunicación pública o transformación de esta obra solo puede ser realizada con la autorización de sus titulares, salvo excepción prevista por la ley. Diríjase a CEDRO (Centro Español de Derechos Reprográficos) si necesita fotocopiar o escanear algún fragmento de esta obra (www.conlicencia.com; 91 702 19 70 / 93 272 04 45).

TRES VECES LUZ

Pequeña nota del autor

¿Cómo llamar al fondo cambiante y visible de un libro, a ese poema (o poemas) que está detrás del poema? ¿La historia oficial de *Tres veces luz* es aquella que publicó La Garúa en 2007? Bueno, en parte. Al igual que le pasó a *El ocaso de la aurora*, las negativas editoriales hicieron que lo normalizáramos, que nos autocensuráramos, que sufriéramos de sobreadaptación. Quitamos todas las notas, quitamos nuestra ruptura interior de aquel entonces y el libro bicéfalo, se quedó en un solo camino. Por eso, creo que esta reedición —en realidad, su edición original— resulta necesaria. Igual que sigue estando vigente aquella dedicatoria: «Dedico este libro a los últimos Lares de la antigua aldea, a los chamanes de las selvas a quienes he visto crear la sencillez de una mujer llamada Laura y al secreto de los otros, en cuyas aguas madres comprendí que había nacido de mí mismo.

Para finalizar esta dedicatoria extravagante e inactual quiero recordar, a modo de quimera, el silencio de las máscaras mortuorias al fondo del escenario y el descubrimiento de las verdades que casi siempre son tristes, para que vuelvan las palabras que nunca debieron perderse.»

EL PRIMER TRAMO
EL RAYO COMO FRONTERA

La casa maravillosa

Humanizo las cosas.
Me susurran que oculte
mi corazón detrás de sus conflictos.
Son importantes por sí solas
y me descubren grutas
donde sentir mi esencia.
Me dicen cuáles son las soledades
que desatan y ascienden.
Observo en cada forma
el retrato de mi distancia.
Entré en su movimiento
interno sin obstáculos:
deshacen mi perfil según las leyes
del silencio y el grito,
siguiendo el grado más
alto de misticismo
materialista que consigo urdir.
Pero a veces mantienen una actitud irónica
con mis temores,
desde hace tiempo mucho más numerosos.

Humanizo las cosas.
El brillo de sus superficies
descubre las locuras de mis otros,
que han fracasado frente al hombre.
Progresan en sus luces
                    hasta ser mis sentidos:
son los espectadores de mi nada,
                              si soy nadie.
          Manejo sus colores
para vivir su entorno
y completo mi luz en ellas
para inventar su pasado.
De sus recuerdos brotan mis imágenes,
las más abstractas,
            extraños seres amarrados
                        a mi invención
pues los nutro con sed,
                acrobacias y cumbres.

Cada cosa es un viaje,
una correspondencia:
nada parece ser libre pues todo es libre:
en esta casa donde el sol traza sus letras.

Sus cuerpos se levantan con mi fuga:
es un diálogo lúcido y tranquilo.

Cada dolor absorbe su desgaste
y es convertido en acto que no exige
ternura a ese mundo, en balanza de muertes
y unidad con mi cuerpo,
aunque mis pasos se alejen de mí,
semblante que contemplo cuando salgo de casa.

Cada pregunta sigue sin mi boca
hacia el triunfo de izarme,
de remontar las pérdidas y el daño[1].

---

[1] 09-IV-2003: El camuflaje de los rostros en los recuerdos. Lo que comprendimos de lo que sabemos. Los caídos y los ausentes mezclan sus ruinas con la viveza de los últimos de la fiesta. Mi aspiración fue sobrevivirme. Mi aspiración será sobrevivir a mis sueños.

Es o viene el dios frío que arrastra los abedules en donde escribimos nuestros nombres; que sangra la luz de esa montaña; que abre mis ojos para ver estos cuerpos apilados por sus otredades. Hoy, el hospital es nuestra tarta de cumpleaños. Sopla las velas, venga, sopla las velas…

Sus conexiones son totalmente lumínicas,
transmigran hacia sus entrañas
para acabar con esa negra duda
fundada en los excesos de conciencia.
Cada angustia se marcha de la carne
cuando los dedos crecen como pájaros.

Humanizo las cosas.
Y presiento
que este tránsito hacia sus fondos
sucumbirá ante las fisuras
que soy en el tiempo...

Espacio protegido

Trajiste claridad a cada ser
para acabar con esta transparencia,
sin extinguir tu don en una atmósfera
que nunca fue la tuya,
en un espacio
que nunca fue para tus pies.

Nada en tu tierra crece: el nacimiento
es constante y los hombres
dejan de consumir su vela
o interpretar un personaje
contrahecho y oscuro.
Al comprobar que el alba
es la misma fotografía
siempre, nuestros zapatos
dejan de volar avenidas,
ya nunca volverán a concebir
salidas y ciudades.

Sin duda hemos vivido bajo el rostro
que fingió no encontrarse en la inocencia:
desnudez que se excede:

siempre contempla el mar,
sólo el mar, anterior a nuestros pórticos.

Nuestras vivencias cotidianas
apenas se acomodan
a este sentir de plenitud y azores,
la condición que nos abarca cesa,
la superamos: inventando
este espacio gozoso sin luchar
contra máscaras. Elegimos
nuestros ascensos, nuestra estela,
cumplimos la aventura
de matizar la luz
desprovistos de toda voz[2].

---

[2] 13-IV-2003: Voz: Los arrabales dentro del corazón. Al filo de ti, de todo mediodía. Puto cuerpo joven, para qué enfermaste de ti. ¿Realidades? ((((Hay exilios que tienen pequeños regresos)))). Tal vez hubiese sido mejor no regresar. ((((La elipsis del viaje)))). Alguien araña el hielo, alguien fondea en el insomnio, alguien silencia el agua de este río con su dedo índice. Es el contraste del cuerpo con la claridad y este adiós abierto que es la enfermedad. ((((Cuerpo viejo para morir en palabras tan jóvenes)))). Carcasa en la orilla de esta isla que mueve el mar por dentro.

Cerrando la coraza

Habitarte es vencerle.
Vivir la sangre que al crecer ahorca,
tomar el cuerpo
como en aquellos días
lo acogieron los bosques.
Es auxilio el calor entre tus manos,
pero las hojas y los rostros
dejan sin aire;
y las raíces y las ramas
hurgan el vientre
para que pruebe el hierro
que oculta su disfraz
y la caída afile su figura.

Habitarle es vencerte.
Conquistar el impulso que le creó;
hacer de toda ofrenda
un principio de música.
Conoce el miedo del arroyo
que le vive y refleja,
que extender la blancura
de la savia a tu vuelo

tan sólo es el comienzo de un combate
cuyo rival amarra
su certeza a eclipses y cenizas.

Comprueba al menos la emoción
de brillar con los fértiles asombros
que han urdido la magia de esos montes.

Endurece que el tacto
haya palpado el rostro más ambiguo,
que el ojo azul no exista en otros ojos,
que la nariz recuerde
el olor a placenta[3]
en aquello que libra sus aromas,
ese tramo indolente
con que completa el círculo.

---

[3] 20-IV-2003: El último de la fiesta. Las estaciones se juntan en un mismo tiempo. Ya no suena la música que nos bailó: "Salir, beber, el rollo de siempre, meterme mil rayas […]". Qué le vamos a hacer, había que dejarse la piel en cada acorde. Ahora que estás tan enfermo ¿de qué te arrepientes? Autorretrato convexo en el espejo deforme. Paseamos por nuestra mente. El olor a placenta. Los pasadizos y la golfería y los agujeros de los gusanos. ¿Qué te dicen ahora las amanecidas? ∞√┼↓

Aislarse en una isla[4]

Vuelven los Lares a los dedos
que proscribieron sus corolas,
a su tacto de abril reverdecido.
Las puertas se cerraron para ver
cómo la juventud se zambullía
en el secreto de las aves muertas.

La cama insomne murmuró
interrogantes en su nuca,
alejándole de la estrella
que mostraba su isla.
Nunca volvió a fijar
palabras y destellos en los bordes.

Sin números ni llaves,
los labios cumplirán su fin:
amarte.

---

[4] 30-IV-2003: Solo puse música para que vibrara el cuerpo. Amarte
dentro de mi no-lugar: amar desde el cáncer, besarte desde el cáncer,
penetrarse desde el cáncer. Amarse para echar al cáncer. Amanece. Has
venido tan joven y de tan lejos para... Y empezar, solo empezar, tan solo
empezar. Pero lo que está fuera de mí se termina convirtiendo en ese yo.
Salimos a la calle, ya no somos reales. Se despeluca un diente de león, esa
es la eternidad de nuestra rutina, ~~mientras volvemos al hospital.~~

La recepción de unas alas

Vísperas de tu cuerpo:
las flores han soltado
sus pétalos.

Las telarañas en la hierba
me señalan que el día
será palpable.

Es la última noticia
que me llega del mundo
en esta sala receptora
de tu retorno.

Mientras regresas, los vencejos
se acercan a la tierra: lloverá [5].

---

[5] 22-V-2003:
-Y de repente la noche cuando el sol…¿Quién?
-La mezcla de arlequín y sátiro. Aceptar tu yo.
-Lo único real es aquello que amamos y nos ama.
-Mírame, soy feliz a pesar de esta puta enfermedad. Es lo mejor que nos ha podido pasar a esta edad: nos ha quitado esos amigos innecesarios, habremos sentido la muerte y ya dejaremos de pensarla, nos haremos orfebres de nuestra propia familia y seremos simplemente donde estamos.
-Y si…
-La poesía no está hecha de condicionales. Escribir, como vivir, tan solo tiene que ser un ejercicio de euforia.

Documento sobre el frío

Documenta el dolor.
Cada día lo sigue con nobleza
de buen perro a su dueño.
Oculta el brío de la alondra
para cuando pueda adentrarse
tanto en los bosques como en el sabor
de cada luz.

Fue lanzado a una burbuja
cuya capa es de acero.
Desde aquí no domina aquella tierra
como cuando su cuerpo fue el amor.

A cuentagotas cae su voluntad
sobre el río de cuanto fue ternura.
En punto muerto está.
Está con su reflejo y su frontera
a solas;
intentando no equivocarse
con tanta sombra ajena;
intentando reunir
su corazón con sus entrañas.

Está curvando el cielo
junto a quien le levanta,
bajo sucesos
que descubren las artes
para bajar al fondo
leve de la blancura,
los medios para combatir derrotas
y este frío olor químico [6].
Está en sosiego
junto a quien le amanece:
abrasada de júbilo
para sacarle de sus dudas;
y piensa en los instantes
en que tus alegrías le mostraron
las emociones que el primer
hombre sintió ante el fuego.

---

[6] 27-V-2003: Al igual que este frío olor químico, los rosales se cargan de
nubes. Es el tiempo del blanco en el blanco. Es el tiempo de quedarse
muy quieto en los claros de la luz. ¿Ya hemos vomitado nuestro asco
por lo descriptivo? ¿Cuándo dejará el insomnio de fijar el vértigo del
halcón? Tengo horror de mi rostro. En el espejo veo la mudez de los
muertos. Ondula el cristal del espejo y el vaho va haciéndome desapa-
recer. ¿Moriré?

La hondura

Llegaron paralelos a la orilla.
Se vieron en las ondas como desdoblamiento
uno del otro: cuerpos interiores
que traspasan edades para formar esencias,
paisajes temporales del placer y la angustia.

Fuiste su espejo y su final [7]:
sin posesiones y sin sacrificios.

Tus fondos se ajustaron a la arcilla
y te alzaste desde tu hondura en él
como rosal de espumas,
donde la aurora otra luz no admite.

---

[7] 5-VI-2003: *Reescrituras*: Fuiste el azul de la mirada que cayó lentamente./
(Con esta enfermedad, la vejez se metió en la juventud)./ Fuiste las hojas abiertas como parturientas./Fuiste la flor del naranjo: estamos en tu blancura (somos el uno en el uno)./Entramos. Me sigo diciendo: Fuiste la frente descolorida por los sueños. Por el pasillo saludo a una enfermera, pero tan solo estoy mirando las nubes ribeteadas por ese sol algo muerto.

Caras en la galería

Estas luces precisan la sombría
puesta en escena:
la sátira de cada día,
el morbo que vomita sus recelos,
la reservada compasión
de aquellos que disfrutan
del orden y el reparo,
y que se pudrirán sin conocerse,
sin sentir que el afán de la existencia
es la maestría de volver
cada dolor en un modo de amar.

Tan humanos de cara
a cualquier galería: subespecie
cada vez más cercana
a cualquier animal, sin dioses

ni rostros en que vernos

sin miedo [8].

Con lentitud regresa a tu regazo
en donde no se escuchan gritos,
y mira aquella sombra
que —firme— no obedece a la aridez
y que en una corriente se contempla
estática y fluyente,

invisible y palpable.

---

[8] 11-V-2003: ¿Encontraremos otra luz? El miedo a morir. Morir así.
Esos arbolillos del pabellón me creen próximos a la blancura; hablan de
la posibilidad de que no vuelva a traspasar las nubes con rosas místicas
y palabras como lirios. ¿Qué te dijeron los insomnios? ¿La oración de
la espuma que se enroscaba en las manos? (Ese alguien mira mi cabeza
lampiña, de blanco sucio, de espirales y más espirales; mientras al mar
le aletean las alitas y esta isla se pone feliz). ~~Mastico esto mientras la luz
entra por las rendijas de la persiana y la aguja entra en la piel.~~

El silencio de Saturno

Cuando el ritmo es un hueco,
el cuerpo está ahogado,
como sin música
pues la firmeza de los miembros
es señal de combate: entrecortado
al verse aquí: perseverante
esta hiperrealidad
del cuerpo contra el cuerpo,
de las manos y la memoria
contra la sed que extingue cada célula.

Células que se nutren
en el avance progresivo
de su erosión. La boca
contra las células,
en favor de su luz.

El cuerpo contra sí.
       El cuerpo contra sí.
El cuerpo contra sí.

Devorándose, siendo
su propio lobo:
guerra civil en su interior:
Saturno con la sangre de su hijo
en las entrañas. Comprendiendo
que después de la lluvia
despiertan campos en su espalda:
labios sobre los frutos;
aplazando el origen
del dolor en las venas,
la carencia de danzas y dulzuras,
la atracción de la tierra
por el último símbolo[9];
negándose a perder
el hallazgo de amar,
de amarla: claridad.

---

[9] 19-VI-2003: *Apunte*: Busco los símbolos que nos hicieron jóvenes en esta juventud de ojos hundidos por las lagunas de las ojeras. ¿La enfermedad nos unirá más que el amor? ¿Y los mitos, qué fue de ellos ahora? Volverán a matar nuestras esperanzas. Ay, la palidez de las pérdidas. Ay, la rabia en la tristeza, la nostalgia en la pasión, la represión del sentimiento con la velocidad de las células amargas y caníbales…Busco la inocencia en la culpabilidad de la víctima y sus porqués.

Labios en el umbral

Aún no despiertes.
Resides tan adentro
de ti que apenas
las voces pueden invadirte.

Anoche perseguiste
las luces de tus amarillos
y aunque tus pies rozaban
las calles, tus deseos
partían hacia el mar
en donde regresaste
al rostro de tu inicio;
hacia los campos
en donde fuiste
la primera mujer
en que el sol prolongara tu verdad.

Resides tan adentro
de ti que desconoces que te amo
de la misma manera
que cuando te aproximes a tu orilla;

y mi esperanza
es que comiences con tus dedos
por clara imitación
de cada amanecer
y que en esa inconsciencia te respires
siempre.

Sonríes aún dormida,
quizás, en tu región te encuentres
soñante
con estas manos, estas manos
que te festejan en cada palabra.
Quizás, surjas en calles
que te inducen al crimen o al suicidio[10];
y pienses que las casas
que te cercan son muros
que esconden muertos.

---

[10] 27-VI-2003: *Suicidio*: La voluntad del cuerpo para el cuerpo. Toda la vida al revés. ¿Cómo atraer tanta inmensidad en un punto sin habituarse a los precipicios? ¿La afonía de la misericordia? Nuestro paisaje: paseamos por los pasillos: el dolor crónico, los durmientes orinados, las horas de espera, la soga de las incertidumbres, las heces de las sondas, el pitido de las interjecciones...¿Hacerse asesino de uno mismo? ¿Seré el parto de la enfermedad?

Pero según la mar, tu cuerpo
es el mejor indicio de blancura;
y según los caminos,
tus pasos son la misma resonancia
de alguien que está
confluyendo contigo
en los ángulos de lo incierto.

La fortaleza

Va quedándose sin calor
entre las ramas.
Ya no soporta la impostura
de las afueras,
ni la quietud de los objetos
atada a su latido.

Crece la irrealidad de los paisajes;
la noche los transforma
en la piedra doliente y retorcida
de aquella gárgola.

No necesita que el dolor
madure para que aparezca
sobre la luz de los jardines,
una vez que la hondura es sol,
las hojas crecen
sin raíz y sin aire.

La vida fue eficaz con sus esquemas[11].

---

[11] 18-VII-2003: *Retrospectiva*: Algunas aves migratorias arrastran el amanecer hasta la cortina del horizonte. ¿Qué nos hizo reales? Mi cara y mis párpados permanecían hinchados. El cuerpo sin misterio desvela su vacío y andamos por ese hueco.

Las cicatrices reales
revelan la cartografía
herida de la piel,
la intensidad con que se han convertido
en una fortaleza.

La última intimidad[12]

Alude a la extinción
absoluta de muertes y ciudades,
al enlace del día en sus tobillos
para afirmar las huellas,
a la niñez del verde
levantándose en unos labios,
a los bosques en donde no domina
ningún injusto. En esos bosques
han brotado decenas de cometas
que invalidan las leyes de la Física:
el eclipse de ropas.

---

[12] 25-VII-2003: Digamos que siempre seremos los mismos y, por lo tanto, la sobria honestidad de los perdedores. La última intimidad.

La lucidez de la cadena

Esta noche comprende su verdad.
Turba esta noche
la orfebrería de las horas
y la aventura por sus páginas.
Sin embargo, no deja
de ser el hilo
en que la luz enlaza sus destellos
o la caída de la piedra
en la fuente y sus círculos.

La lucidez no tiene recompensa.
El juicio que los pasos nos enseñan:
un sentimiento crónico y continuo
de irrealidad.
Las salas, el cansancio, las estrellas
son tangibles y reales:
la aguja y las pupilas manchan.
Es un problema y una compañía
ser hombre.

Esta noche comprende su verdad.
Algunos perros ladran esta noche
en su mente y las calles
parecen extenderse
desde aquí como un cáncer[13] luminoso.

---

[13] 29-VII-2003:

-Yo escribí poesía para saber rezar la belleza del mundo.

-Qué terrible fue el símbolo de las alas, pues supuso la integración en el ensueño.

-Como todos creíste en la perfección de las palabras.

-La costumbre de regresar hacia ella (¿quién?) me ha hecho brillar sobre unos crisantemos.

-Una noche más para otro naufragio: multiplico la luz de cada astro con el color de sus deseos: el rodar
del nuevo sol se escucha dentro, muy adentro, tan adentro que cerramos los ojos en la luz (la máscara neutra ya desapareció).

Desgarrar el aire

¿Limitar?
Cuando la piel se rompe con la piel,
cuando es quemada con la sangre
y expuesta a las antorchas de tus manos
en las noches sin mí.

Y que tus manos me devuelvan
la claridad de cuanto me vivió,
y que puedo sentir
en la obertura de las yemas
y de las albas: alba tú
y tus frutos el alba
de quien desgarra el aire
con una sinfonía
llena de resplandores.

Me reconozco dentro de tus días.
Me reconozco siempre en el candor
de verse como esencia de tu vuelo,
y cada golpe de tictac [14]

---

[14] 7-VIII-2003: Sin lenguaje, no hay tiempo.

me confirma la estancia
en los ramales de tus brazos,
aunque reconozcamos
que somos herederos de la muerte.

EL SEGUNDO TRAMO
DE UN FULGOR A OTRO

En el centro del torbellino

En medio de este torbellino de caras estridentes,
de nuevas insignificancias,
que son capaces de absorber cualquier
        indiferencia;
que son capaces de asfixiar cualquier
impulso de elevarse, están perseverando
        esos gorriones
en su ascenso reciente e íntimo.
        Encarnan un vaivén sonoro
ante esta soledad tan nuestra, ante la sencillez
con que los bosques nos trataron.

Al verlos es difícil contener el deseo de vaciarnos
en el flujo de cada ligereza,
en la armonía de sus plumas
que alzan el sentimiento de confluir
en ese mismo punto lírico, de perdurar
        en el conocimiento
de que los dioses miran a través de nuestras pupilas.

Afirmo la enseñanza de los días
frente al interrogante
de un entorno que nos condena y nos excluye;

frente a cuerpos que habitan
el mal placer de enterrarse
en este pabellón: vuelvo mis ojos a lo blanco.
Se esfumó en ambas mentes la psicosis de la ciudad,
en cuya trama nos desconcertamos por impostura
        e imposición;
también la muchedumbre que formaba los muros
ante los cuales colocamos el silbo más sencillo.
Esos muros de cuyas cicatrices formamos parte
para poder amarnos, para poder vivirnos
a flor de levedad y lirio y oropéndola.

Y, sin embargo, los dos debemos refinar
ese instinto asesino que nos afila cada mañana[15].
Acabaremos destruyéndonos,
aunque aquellos gorriones
y este existir a flor de levedad y lirio y oropéndola
disfracen el delirio de no sentirse: limitada plenitud,
        no será
la muerte quien nos incluya en su nómina.

---

[15] 11-VIII-2003: Inventamos el Sí. Nos dijimos durante el verano:—Las horas son estos pájaros. Ahora, la tierra supura creaciones picassianas y Van Morrison va por el frufrú de nuestros cuerpos. En aquel banco tu carne jugaba a columpiarse con la mía. El eterno retorno ya ha puesto a otros amantes que son los mismos amantes.

Sobre el nivel del mar [16]

Ansío toda luz porque un día fijé el mundo
con mi dedo índice,
          y amo
el correr de los ríos porque de algunos peces
aprendí hondura.
Fueron mis ojos quienes miraron por primera vez
que en la caída de los astros se escondían
       un niño y una rueda.
Siempre me hice invisible cuando los hombres
pusieron sus manos
         sobre mi presencia ficticia
y cuando tuve un brazo que parecía un ala,
las flores que brotaban en los tejados me otorgaron
       las dádivas de un vientre,
ésta es la única verdad que he conocido.

A dos mil pies sobre el nivel del mar
la marcha de los pasos termina de orbitar,
      el frío aumenta nuestra lucidez

---

[16] 16-VIII-2003: El envés del título: Antes que la mar calme su me-
cánica y la noche acabe bajo la espuma de este silencio de siglos, deja
en este cuenco de barro unas cuantas palabras para que, al amanecer, el
horizonte sea otro alimento más de la eternidad.

y la respiración es lenta
           como la vida en las montañas
y en las ermitas, el corazón renuncia
           a cualquier renuncia,
y la única doctrina es la fecundidad.

Nuestro propósito es crecer cuando creamos
y amar a cuanto no desgarre,
alimentarnos de nosotros mismos y no golpearnos
           en soledad
y que cada vez que el mundo sea la primavera
nos despojemos de cuanto fuimos
y seremos, formando
la columna que enlaza nubes, espacios y semillas.

El truco no es difícil ni complejo, sólo se necesitan
algunas dosis de serenidad, concentración y sencillez.

A seis mil pies sobre el nivel del mar —y subiendo—
los ojos van perdiendo su nostalgia y para no cegarnos
           tengo que demostrar
mi destreza en las diferentes artes de la distancia
y para que no se dilaten las venas, el oxígeno tiene
que ser lo más escaso posible.

Se aligeran,
se aligeran las manos, los pies, el pecho,
los lastres se reducen: las personas
que un día me nombraron hacen el mismo
ruido que las hormigas. Sigo el rastro de los cometas,
de las galaxias que comienzan
cuando un huevo se rompe,
de esa gracia tan tuya de armonizar
mis extremos.

Sólo me he dado opción a mudarme en un hoy,
en un hoy que renace, confirma y desprecia.
Poco importa la muerte ahora. Poco importan
        las palabras ahora.
Poco importa que el mar haya expulsado a quien
        movía su repetición.

Los restos de la fiesta quedan aún en mi boca, aún
me ofrecen mucho juego,
        aún brillan como miel secreta.
A diez mil pies sobre el nivel del mar
sólo quedan los labios,
el nacimiento de unas risas entre las sábanas,
y las luces que como gotas de rocío resbalan
        sobre este mármol.

La blandura de los exteriores

La piel está gastada en su ficción:
      blando es lo externo.
Blanda la carne en su desnudo. Cansada en su declive.
Hubo que comprender el rostro para renovarlo;
asumir que la mano pudiera levantarse
      contra uno mismo,
que los ojos no se extrañaran
      de la falta de albores en el talle.

      Se engañó al sentir que podía mudar
las luces en hoguera de limón,
que las rosas seguían llenando la escritura
de dones y grandezas. Fue leve la constancia
de acercarse a ese espejismo
      de vigor que era el cuerpo.
Quizás, el fallo fue no suavizar
                la esperanza,
esa inconsciencia del vivir seguro,
esa ternura de saber que las horas están soltando
sus ilusiones en la frente. Quizá, la trampa
llegó cuando miraste tu contorno por la mirilla,
cuando los horizontes fundieron su distancia

en plena línea de amantes, en los sótanos de la aguja
y el corte. Pero sentiste como las palabras
eran muslos bruñidos por aquel entretiempo,
raíces que profundizaban
en el campo para que cada hoja
fuese el mirlo que se revive entre el iris y la mirada
y los pies se elevasen de las formas[17].

Y prosigues amando, amando las espléndidas
vibraciones de la inocencia porque su cercanía
nunca fue ambigua; porque se asemejaba al río
que pulía los cantos, a la muerte como ebriedad
constante de los silbos en la aurora.

Y rehaces…renuevas como el sol y la llovizna
porque tu imagen es un tramo de su bondad;
porque la brisa quema las geometrías y el verdor.
Y es incesante y necesaria como esas luces rojas

---

[17] 18-VIII-2003: Para concentrarse en cada parte de aquel cuerpo, que
después le despreciaría, tuvo que resolver la idea de igualarse y se igualó
para arrinconar el miedo de ser un espejismo.
Sus muñecas ya no presentaban nudos y entonces fue cuando notó que
sus pies estaban echando raíces en esa tierra que fijaría su nuevo aspecto
[…].

por donde se destilan los racimos
de la música, cuyo licor es semejante
al ocio de elevar las letras,
a esta espera que somos
en que no amaina la acidez,
a esta sombra que se introduce
por latitudes insondables.

Bajo la nieve: tus piernas

A salvo le pusiste bajo tu aspecto natural y fresco,
mas no pudieron detener
la formación de heladas en la piel.

Y aparecieron en habitaciones que envolvían rumores
humillados y empobrecidos
sin piedad por la vida. Atados a su sombra
se vieron por sorpresa en un paisaje
que hamacaba su sol entre una niña y unas tumbas.

Bajo la espesa nieve ellos cayeron, también nosotros,
a todos nos colocarán
cruces sobre las frentes como pararrayos de nubes
que se burlan de la callada
pavura de unos ojos agotados por el temor.

A veces, en algunos intervalos, parecía fijar
        su antiguo rostro;
incrédulo miraba su declive desde todos los ángulos
y volvía a la duda de su cuerpo,

a la extrañeza de sentir su umbral
       como una dalia enferma[18].

Y comprendió que sólo se nombraba sin recelo
en tus márgenes,
en el rojo sereno de tu boca, mientras cada temblor
fatigaba sus esperanzas:
receptora paciente del cansancio, entre tanto
desenterrarse
hubo deleites y al final
una raíz por donde renacer: tus piernas.

---

[18] 24-VIII-2003: Quiere retener tu imagen fresca en mi memoria. No sé
si me miras como a ese niño enfermo que ha muerto esta mañana. Ya sa-
bes que dos seres que se besan no pesan nada. Estamos aquí (noche an-
fibia), pero somos en donde tenemos que ser. Mira tus destellos porque
nota que un río se junta con el mar. Te despides para que te esclavicen un
rato en ese sitio de comida rápida; mientras tanto, le toman el pulso al
tintín de las estrellas y solo se escucha el tantán de aquel domingo entre
las sábanas.

Pieles reversibles

Cómo habitar un ala y no romperla,
cómo acoger alguna certidumbre,
tras arrasar los bosques
y esparcir sus cenizas en la frente.

Cómo levar la carne
          de la blancura atroz de cada cuarto
si la impotencia para el vuelo,
si tu rama se troncha
          como frío de la noche más rígida,
si se cruzan pasillos y locuras tan irreales y extrañas
como este agosto incierto y sorprendido.

Su mente se despide de una chica
          que no volverá a ver
y que amó durante segundos. Todos fingen
          que salen y se marchan.
Todo vive y se pierde en horizonte y sombra.
Y sabe que en los brazos
se deslía un mar hecho de corazón y bordes,
          que esos amantes son
tan sólo el pecho regresivo

que intenta convertir a su niñez
en un gran obelisco.

De la acera una música
resurge; aunque también le miente
pues nota que no le puede llevar hasta tu orilla;
aunque estés junto a él: visiones anilladas
a la fidelidad de unas magnolias.

Pobre el empeño de anudarse
con estas cercanías cuando son
cúpulas y marañas,
excepto tu cadencia
que amolda la confluencia de lector
y creador en que reversibles aparecéis[19].

---

[19] 29-VIII-2003: He venido a esta isla para curar mis palabras. Nunca habíamos pensado en la muerte hasta que el cáncer nos puso el péndulo en la garganta. Qué haremos con estos estremecimientos entre incertidumbres, con la mirada en el techo de los encamados, con esa ambulancia que nos llevó casi hasta el último final. ¿Sobrevivir? ¿Comprender? ¿Escribirnos? Hacer del cuerpo roto, un poema roto. Cuerpo especular, poema especular. Hacernos los otros de uno mismo. Rajar la página como estos arañazos de gato de la quimioterapia han hecho con nuestra mirada.

Deshilar la tinta

Rasgar este silencio para mostrarte
cómo asciende una semilla y una llama;
abrirlo para que en la boca aparezca de nuevo
una entrada a la inmensidad, y escuchamos
      frases extrañas:
           —*¿Dónde estás Padre?*
           Estoy necrofando por los cementerios[20].

Y se forman cavernas donde el oro se funde
y los sueños que erigen nuestra luz
      pueden alarse desde un mar.
Y como un mar el iris recuerda nuestro filo:

---

[20] 10-IX-2003: Se cruzan fechas. Las reescrituras del poema o los estratos de otro tiempo. En esta noche de Granada nos acordamos de aquellos apuntes isleños que se mezclan con este grafiti de la calle Elvira: ~~Padre, en ningún momento has preguntado, en este trance, ¿cómo estás? O Vamos a dar una vuelta, hablar, animarme…Nada. Tan sólo te has preguntado por qué me quité tu apellido al ver mi primer libro. Recuerdas aquel día en que nos pegamos (lumpen y escayola); recuerdas aquel día que destrozaste el mueble del salón; recuerdas tus borracheras que después fueron las mías. Ya sabes, he aprendido a no ser como tú. Pero me cuesta no embarrarme con drogas en las calles (incluso después del cáncer); me cuesta volver a aquella ciudad en donde cada calle sedimenta los recuerdos más vivos; me cuesta no volverme cazador de mí mismo [..]~~

al amarte descubro la bondad y la muerte.
Y en las cartas que envías, algún recuerdo
vuela hacia no sé dónde
como caminan esos niños.

Sencillez, sencillez de una enseñanza
que ha comprobado
innumerables veces la vergüenza y el tedio,
e innumerables veces el rostro muda
y fulge cuando nota
heridas y puñales y los talones son roídos.

Y cada rostro forma ese caparazón
que nos hace invisibles
y sanguinarios;
y seguimos a solas sin piedad
rompiendo dogmas y supersticiones.

Y seguimos escuchando palabras
que se ligan y se fusionan en el tiempo:

—*Zumbidos ápteros en la noche isótropa/*
la crueldad
debe empezar siempre por uno mismo.

Y dejamos que el agua nos empuje
simulando que somos cuerpos concéntricos
      saliendo de la música,
que somos briznas arrastradas por el triángulo
      luminoso
de la corriente, o nos vemos heridos
para atraer su atención y dejamos que cante
todo lo que no está domado
      y dejamos que en la espesura
suene un arpa y unos clamores.

Hemos forjado sílabas que nunca mirarán sus ojos.
Acogemos instantes de sonrisa,
      prodigio y hermandad
a cuanto nos ha impresionado.

Y entre pose y más poses
      descubrimos un patio para el sol.
Y entre muerto y más muertos
      nombramos plumas que verán azules
y como azules las estrellas lograrán el gran Día.

Se agita la respiración, el pulso se desata:
en un grano de trigo

brotan unos amantes: tengo el rostro de tu alegría.
Y a través de los labios lo existente
está afirmando su creación. Y a través de los dedos
pasan cientos de grullas que van hacia la tierra
en donde no se gastan tus sentidos.

      Siempre supimos
que estas letras se parecían
a la esperanza de los alpinistas
por coronarse. Y a cada paso aniquilamos
palabras para subsistir, desgarrando su carne,
devorando su esencia, haciendo nuestros los indicios
de deshilar los cuerpos en la tinta.

El aprendizaje de la distancia

La vaguedad de los andenes define el alba
            en un agujero
y los rincones dicen: *No mires hacia atrás.*

A través de las calles deja escapar su bosque
y su puñal, serpiente
que inocente refulge, y hace visible el ritmo
del sol y el sueño de los lirios en las habitaciones
abandonadas: *No mires hacia atrás*[21].

Y los pasillos son sentidos como
ojivas que nos recuerdan que fue la intensidad
de fuentes y festines: ¿de dónde provenía
aquel olor a incienso que inundaba la boca?
¿En qué instante el afán de luces
se convirtió en un golpe del puño contra el rostro?

No mires hacia atrás: Alegre y sin melancolía
con esa invitación del horizonte
a entrar de lleno en el aprendizaje de la distancia.

---

[21] 17-IX-2003: Los antiguos amigos son las verdades gastadas.

No mires hacia atrás: Alegre por agradecer
que en sus brazos las nubes
y los asombros no acabasen,
y triplicar los brotes de los trigos
junto a un corazón que respondía
al nombre de *sendero*;

                    y ser la permanencia
recortada del día y su andadura, en donde las pupilas
llevan hacia el origen de los mitos,
       hacia el convencimiento
de que aquella bandada de palomas es señal absoluta
de lo desnudo. Todos nuestros sentidos en esencia
para que nunca olvide
que coincidir después de los diversos
accidentes del cosmos representa
                el humilde prodigio de lo pequeño.

Frágil

Son implacables los zumbidos que niegan el destino
        de decir: *soy*,
cuando atraviesa y parte lo visible,
       y lo tocado oprime la garganta
y las muñecas hasta desangrar lenguajes y amapolas.

Implacable la herrumbre
       por donde se perfila nuestra fuga,
la gota para concebir una nueva morada,
desliar las nubes
en nueva lluvia; y aprender
como arte nuevo que la hierba puede ser una mano
       traspasando
los relojes y el aire, que la carnalidad estremecida
de las mareas baila por la frente
         cuando el sol es cobijo:
las lenguas ya no pueden hablar, saben...

Pocos escuchan los fulgores de una aurora
que nos anilla en sus orígenes[22],
          la calma
de los ojos hundidos en el sueño de las luciérnagas,
el vaivén de las luces en lo alto del primer paisaje.
Pocos en su corriente antigua se rebelan.
Apenas notan rastro de vigor en los músculos,
       y quietos
en el esperanzado impulso de las bocas esperan
solución a su mustio andar.

      Qué escasa ruge en estos bultos
la sangre, alguna conexión posible con algún latido.

      Qué mínima
es la hospitalidad en este lado
de la ribera, donde se ha dispersado el calor del cubil,

---

[22] 23-IX-2003: La apostasía de la obra doble, de la multiplicación de nombres. La tienda de máscaras. Seremos la nostalgia del heroísmo. Dejé hablar a las posibilidades y para qué, si me desvié... Nací varias veces para no morir: poesía. Ay, los sueños adolescentes que no supieron elegir. Pero ahí estará su estilo legendario para la ficción. Las olas nos cuentan el futuro del pasado y yo me pregunto: *¿Cuánto tiempo me falta para volver a ser real?*

donde la fuerza que impulsó al rostro

a penetrar en otro rostro

ardió en los días y el olvido.

Y ahora

sin conciencia al salir de este recinto

rumio estas nubes, y me observo pasando

como ellos porque soy yo

y ya en blanco como al nacer hacia ninguna tierra.

Naturaleza muerta

Ellos ven que tu rostro representa una naturaleza
muerta junto al reflujo áspero del destino,
                              la otra mitad
que nos convertirá profundamente en su suma
                              y su pan:
amados por los dioses marchamos en silencio.

Imposible adornar la evidencia del frío
              y su potencia. Provocamos
que en sus mentes se caigan las metálicas planchas
              del futuro.
Miras cómo se inclina su cabeza hacia el pecho,
                              y observas
las aguas de un arroyo que no es nuestro
y cambiará de curso: con mis manos estás
rozando el sueño de las almas.

Alguien nos lleva y nos susurra:

        —*Aunque la plaza esté*
        en todo su esplendor de gente y pájaros,
        y los cielos

no sean una comedia, la visión se acerca
a la corriente en donde palpitó el primer nudo
y el primer hombre [23].

Al mismo tiempo ausentes
y en pie nos llaman y describen desde el solaz
de quienes fuimos: resurrectos, tu tacto nos sacó
a flote y arrojaste la envoltura y te multiplicaste
con cada forma de la madrugada, pulsando
la cuerda que te devolvió humano en su fulgor,
sin que se ciñan más a los sentidos
las raíces y las dobleces,
sin vigilarnos más en el secreto
de la deriva. La ruptura
que lleva todo inicio supuso la llegada a otro cuerpo
con las mismas pasiones —desleída la niebla,
clara la sangre—, mas con un raudal
de enseñanzas sobre el regazo de quien originó
la crecida del mirto y la palabra.

---

[23] 27-IX-2003: La sociedad proscribe a los locos porque saben de la verdad. El primer hombre como el último. Tu primera muerte como la última. Experimentamos la muerte de dios en el desmayo otoñal de estas moscas.

EL TERCER TRAMO

LAS SOLEDADES
INTERRUMPIDAS

La antigüedad de elevar nubes

Nunca he tocado estas palabras.
Nunca las he tocado mas son antiguas,
no están cansadas pero son antiguas.

He hecho hablar a las aguas
que llevaban tu nombre.
He hecho hablar a los árboles
que desde el corazón se bifurcaban
en hojas, picos y mediodías
y se multiplicaban por el aire.

Me han contado que nunca había
tocado estas palabras; me faltaban
siglos para poder abrir sus puertas
porque tuve que saborear
ortigas y bucear hasta el coral
que fue mi cabellera.

Y he aprendido a crear distancia,
a olvidarme de mí, a no golpearme
ante los muros. El dolor enseña.

La sangre enseña y comunica.
Las nubes nos habitan y enseñan.

Nunca he tocado estas palabras
mas son claras y duras
como la piel
que toco hasta adentrar
mis manos,
y son antiguas
y claras
aunque vengan de aquella gusanera[24].

---

[24] 7-X-2003: Casi siempre salimos por la noche para que nadie vea mi rostro blanquecino, vamos por el paseo marítimo escuchando el barrido de las estrellas por las olas, viendo como las gaviotas van de viaje, degustando la eufonía monótona de este turístico espigón sin turistas. Otras veces tan solo voy a esperarte al trabajo de comida rápida y me detengo en el chiriviri de la negrura de cada grito (interior), para descifrar las contraseñas de esta temporada en el infierno.

En leve desapego

En los ojos se clavan las gaviotas.
Son ciertas en su leve desapego,
alzadas en la espuma, comprendidas
por dividir el aire con sus hoces.

Mientras están hundidas en mi lengua
se siente el signo rojo de la amante[25],
y el corazón y las palabras cambian
sus sensaciones por un ala inmensa.

Vuelven a verse vuelos en el mar:
azules sobresalen de mis brazos.

---

[25] 20-X-2003: La enfermedad es la identidad fija, estancada, desnuda.
La película de terror o el campo de concentración. Llamar a papá y que
no venga. La habitación a oscuras con la luz débil al fondo. Tocaré el
piano (los versos de ti en mí desde aquel campo) para invocarme una vez
más. Peligro: no tocar, no mirar, no vivirse. El cuerpo que se canibaliza,
el cuerpo que quiere amar y no…¿Me bajaste al sótano para ver otra
llama? La angustia del *¿quién está pasando?* en donde nunca pasa nada:
la espera antes de los resultados de las pruebas. Quizás, ¿tan solo la carne
solo quiera sacar su alma al rocío de las rosas?

Depuración de la música

El sol ha detenido
         la sombra blanca
de mi cerezo.
         A través de sus ramas
el tiempo ha escogido
         su día señalado:
              los frutos
                   caen.
Y en mi mano[26] han surgido
         unas raíces y un jilguero
              que depura su silbo.

[26] 11-XI-2003: Mi mano de blanco sucio: Nadie nos ve. Nos arrastramos por la mirada y por el gris del día. Me envuelvo con el paisaje que me hizo real. El desgaste del sí en el no, es decir, avanzamos en la quietud. Barro que se va deshaciendo por el agua enferma.

El plumaje de la contemplación

Desde el amanecer
la sensación de entrecruzarse
con esas grullas[27]
ha sido una unidad, una constante.

Durante esos minutos se sintió
sereno en soledad celebratoria,
sin señal de posible caza,
sin hastío en las manos renacidas.

Y al mismo tiempo
se ha alzado desde sus vuelos
hasta llegar a las palabras
que resumen su gozo, y a sus círculos
como el ave que emigra de sí misma.

---

[27] 23-XI-2003: Cuando los recuerdos se van haciendo cada vez reales,
¿realmente qué son? El ser cómo, el espejo que no refleja, el río que nos
imagina, el cuerpo que absorbe tu fantasía (y brilla). ¿Ya no confundes tu
mascara con la cara? !Ya somos las voces del coro! Ya eres el que siempre
fuiste.

El cuerpo se adentra

Aunque no lo percibas
                las piedras
de este parque se mueven
como las nubes que despegan
                o cuando los trigales mueven
los amarillos de su mar.
Cuando amanezca cientos de lombrices[28]
           habrán molido y renovado
                          la tierra,
           enlazando a tu sueño
un trébol y una fantasía.

---

[28] 4-XII-2003: Las zonas imprecisas de quienes fuimos. La circunvalación de mis secretos y desapariciones. Se ha expandido tu flujo más luminoso (borrando poco a poco mi perfil), ese don de notar cómo se funde el mundo en ti, ese anhelo de dilatarnos a través de los rosales del parque. Pero los rosales se volvieron eco y yo me quedé esperando.

La tregua

El bosque a punto de explotar
en las yemas y sin caída
los frutos nacerán dorados
en las entrañas.

El paso de las nubes[29]
por el sol ha mostrado
las sílabas precisas,

y los labios felices
afirman que nombrar
es encender la calma
del día en que la tierra
alza la imagen del calor.

---

[29] 11-XII-2003: Las nubes lanosas se quedan quietas para que sean fotografiadas por las palabras. Aún veo los juncos que meneaban aquellas libélulas. Tan solo volveré al río para saber que llevé la belleza hasta mí. Pero no representamos la vida real; el sentimiento de su forma está aquí. ¿Dónde es aquí?

Regreso para celebrarme[30]

He sumado estos sauces
y el resultado es infinito.

Se ha abierto entre suma y suma
un sí de brazos y una lejanía
de gentes y una claridad de sueños.

Todo lo escrito lo llevamos dentro.

Crecen las manos como girasoles
ausentes de horas; fijas como el vuelo
de aquel cernícalo sobre su presa.

En los jardines juegan los muchachos,
se achican ilusorios en su luz,
se abren en círculos hasta mi pecho.

---

[30] 22-I-2004: Hoy nací de ti. Escucho en los sonidos de la soledad ese
lenguaje que se convierte en una propiedad física. ¿Cuánto tiempo pasé
sin mí? Deshiciste tu biografía con la historia secreta del bosque e inte-
rioricé el ritmo de los pájaros que emigraban.

Yo prosigo mi suma: quiero,
sencillo
y alegre, perdurar en la alegría.

ÍNDICE

Pequeña nota del autor / 9

EL PRIMER TRAMO
EL RAYO COMO FRONTERA

La casa maravillosa / 13

Espacio protegido / 17

Cerrando la coraza / 19

Aislarse en una isla / 21

La recepción de unas alas / 22

Documento sobre el frío / 23

La hondura / 25

Caras en la galería / 26

El silencio de Saturno / 28

Labios en el umbral / 30

La fortaleza / 33

La última intimidad / 35

La lucidez de la cadena / 36

Desgarrar el aire / 38

EL SEGUNDO TRAMO
DE UN FULGOR A OTRO

En el centro del torbellino / 43

Sobre el nivel del mar / 45

La blandura de los exteriores / 48

Bajo la nieve: tus piernas / 51

Pieles reversibles / 53

Deshilar la tinta / 55

El aprendizaje de la distancia / 59

Frágil / 61

Naturaleza muerta / 64

EL TERCER TRAMO
LAS SOLEDADES
INTERRUMPIDAS

La antigüedad de elevar nubes / 69

En leve desapego / 71

Depuración de la música / 72

El plumaje de la contemplación / 73

El cuerpo se adentra / 74

La tregua / 75

Regreso para celebrarme / 76

TIGRES DE PAPEL

La presente edición de *Tres veces luz,*
de Julio César Galán, se terminó de imprimir
el día 9 de mayo, aniversario del fallecimiento
del poeta y dramaturgo alemán Friedrich Schiller.
Esta edición consta de trescientos (300) ejemplares
numerados, de los que el presente hace el número

081

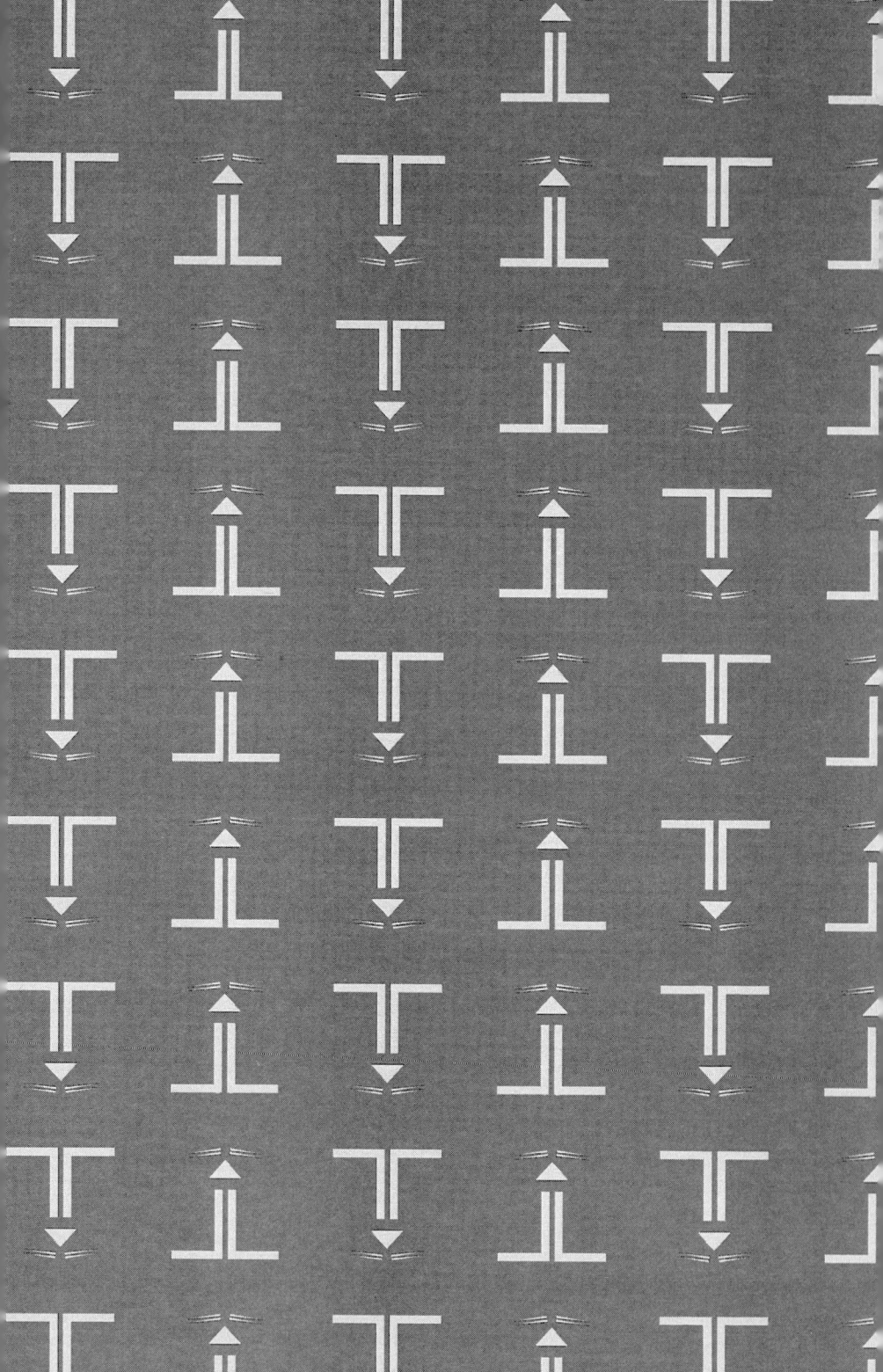